V.-E VEUCLIN
Correspondant du Comité des Sociétés des Beaux-Arts, etc., lauréat de Sociétés savantes.

DOCUMENTS INÉDITS

POUR L'HISTOIRE DU

CANTON DE BEAUMESNIL

BERNAY
IMPRIMERIE E. VEUCLIN
1890

V.-E VEUCLIN
Correspondant du Comité des Sociétés des Beaux-Arts, etc., lauréat de Sociétés savantes.

DOCUMENTS INÉDITS

POUR L'HISTOIRE DU

CANTON DE BEAUMESNIL

BERNAY

IMPRIMERIE E. VEUCLIN

1890

A Monsieur

LE BARON DE FORVAL

JE DÉDIE RESPECTUEUSEMENT
CES MODESTES GLANES D'HISTOIRE
RAMASSÉES DANS LE CANTON
QUI S'HONORE DE L'AVOIR
POUR CONSEILLER GÉNÉRAL.

E. VEUCLIN.

Bernay, 26 Avril 1890.

AJOU

1530. Le curé tient des écoles à Vieilles. Procès à ce sujet.

1532. Procès entre le curé et celui du Châtel (Arch. de l'Eure ; G. Invent. du chapitre).

1547. Gages plèges de la seigneurie du Moulin-Chapel.

1581. « Pappier des mesures de touttes les terres des seigneuries du Moulin Chappel, des Gresz et Boudchappon... »

1592. Jehan Duret, curé.

1660. Date du premier registre paroissial.

1660. N. Neburay, curé.

1683. Charles Laisné, curé, résigne la cure à Jean Laisné, son neveu, et meurt le 4 juin 1694

1714, 27 nov. Résignation de la cure par J. Lainé à Nicolas Béroult, son cousin. Le dit Lainé meurt 3 jours après, âgé de 80 ans ; il est inhumé le lendemain, dans le chœur de l'église Ce prêtre était bachelier en théologie de la Faculté de Paris.

7 février 1704. Inhumation de François Harenoy, du Chasteaudun, paroisse de St-Medard qui fut malheureusement noyé avec ses chevaux dans le fossé dudit lieu d'Ajou.

4 octobre 1721. Damoisselle Marie de Boilleau femme du sr Durand de Vallence, maître du fourneau de S. A. R. Mgr le duc de Bouillon, âgée de 36 ans, est inhumée dans l'église.

1741. Claude Chéron, aubergiste à Ajou.

1765. Jean-Henri Bardel, 26 ans, vicaire, puis curé en 1766.

24 mars 1767. Robert-Nicolas Béroult, ancien curé, 80 ans, est inhumé dans l'église.

27 octobre 1774. Baptême de Jean-Robert Bréant, né d'hier, fils de Robert Bréant, horloger, et de Marie-Anne Lange.

22 décembre 1776. Inhumation de la veuve de Louis-Georges Buschey Desnos, 77 ans.

31 août 1754. Inhumat. du fils de M. Adrien Le Gendre, imprimeur à Paris, rue des Boucheries, faubourg St-Germain.

1789. Cahier de doléances, [Arch. de l'Eure].

An 2. Bardel, pensionnaire ecclésiastique.

Mancelles.

1642. Date du premier registre paroissial.

14 septem. 1658. Décès de messire Gilles Marais, curé ; inhumé le 15, dans le chœur.

1774. Letellier, curé. 8 baptêmes. 4 inhumations.

1791. Poupion, curé. L'église est volée dans la nuit du 25 au 26 décembre : le curé cite notamment : un ciboire et un saint-sacrement volés ; il écrit au procureur-syndic du district et lui demande ces objets provenant d'églises supprimées.

St-Aubin-sur-Risle.

1546. Réédification du chancel par Pierre Le Loutrel, curé.

1630. Date du premier registre paroissial.

1675. Noël Fougère, curé.

1680. Hubert Chaules, curé, inhumé le 9 novembre 1702.

6 février 1741. Inhumation de Robert Ubert, curé. Blondel, desservant.

1743. Potier, curé, décédé en 1762.

1764. J. Desvaux, desservant, puis Landon, curé.

12 janvier 1776. Décès de noble dame Catherine-Marie Ducasse, du Chesnes, de St-Mars, épouse de messire Charles-François Le Loutrel, écuyer, sgr et patron de St-Aubin-sur-Rille, des Hauts-Chênes et St-Taurin-de-Vernet.

1792. Le Bigre, curé, jusqu'au 11 avril, puis Sebastien-Cosme-Louis Bardel.

LA BARRE
St-ANDRÉ-DE-LA-BARRE

11 août 1693. Baptême de Jacques Daviel, fils de Pierre Daviel, tabellion royal en ce lieu de la Barre, et « d'honneste femme » Elizabeth Nicolas ; parrain et marraine : Jean Daviel et Marie Pauger. — Le Tellier, vicaire desserv^t.

1706. Le curé atteste qu'il n'y a que 53 feux dans la paroisse.

4 janvier 1734. Inhumation, dans l'église, de Pierre Laisné, curé, 75 ans.

24 déc. 1756. Inhumation, dans le chœur, de Roger Ridel, curé, 50 ans.

1737. Faustin-Louis Marybrasse, curé.

1792, Troubles. (fol. 73 du reg du district).

Le Bois-Baril.

1707. François Lethcault, curé.

1717. J. Richard, curé.

12 octobre 1760. Inhumation, dans l'église, de Jean Richard, curé, 76 ans. — G. Piquot lui succède.

1761. Patgaux, desservant; puis Charles Piquot.

1779. Mulet, desservant.

22 juin 1730. François Godin, curé, 53 ans, décédé au presbytère de Selle, est rapporté au Bois-Baril, sa paroisse, et inhumé dans le cimetière.

1782. Rosse, vicaire.

1782. Eloy de Malancourt, docteur de Sorbonne, curé, seigneur et patron du Bois-Baril.

1791. Le même, maire. — Folie, curé, puis Delarue.

St-Jacques-de-la-Barre.

1790. Guillaume Doucet, curé, 47 ans, déclare qu'il reçoit annuellement, depuis 1787, la somme de 200 livres que la chambre ecclésiastique d'Evreux a bien voulu lui donner à cause de la modicité du revenu de son bénéfice.

An 3. Le même, pensionnaire de l'Etat.

An 2. Charles-Jacques Daviel, né en 1747, ex-desservant. — Thomas-Marie-Nicolas-Modeste Delarue, ex-curé, né le 15 juin 1759.

21 thermidor an 3. Le curé réclame au district le presbytère. Il lui est répondu que la loi n'accorde que les églises ; les presbytères sont destinés aux instituteurs des écoles prim.

La Noe-de-la-Barre.

30 octobre 1752. Incendie de l'église par un feu du ciel.

1753. Le culte se fait en l'église de la Barre « servant à la paroisse de la Noe à cause que celle de la Noe a été brûlée totalement. »

18 mai 1753. Inhumation, dans le cimetière, de Jean Aubry, curé. — Lefebvre, lui succède.

Villers-près-la-Barre.

1735. Nota. Qu'il ne se trouve point de registres de baptêmes, etc., pour cette paroisse avant l'année 1696 où cette église tomba en ruine, et depuis jusqu'à la présente année 1735 les fonctions curiales se sont faites ès Eglises de la Noe de la Barre et du Boisanzeré, excepté l'inhumation de M° Cheruel curé de ce lieu, qui fut faite au Boscrenoult où l'on trouvera les actes.

Le mardi 7° jour de juin 1735, cette église, après sa réédification, a été bénie par messire Adrien Depiney des Vaux, curé du Boisnormant, porteur de permission spéciale à luy accordée à cet effet par Mgr l'Evêque d'Evreux. — Hardy, curé.

1763. G. De la Rue, curé.

1789. Le même, ancien curé de Villers et desservant.

1791. Le même, curé de Villers et de la Noe. Le culte se fait en l'église de la Noe, où j'ai été nommé par l'Assemblée électorale du district de Bernay ; pourquoi dans le dessein d'accélérer l'union des deux paroisses, l'office de Villers a été transféré à la Barre au besoin.

L'église, dédiée à S. Pierre, a été démolie.

BEAUMESNIL

1727-1791. Petites Ecoles *.

1789. Cahier de doléances. (Arch. dép. de l'Eure).

* Ce signe renvoie à nos Notices publiées.
Voir aussi la substantielle Notice de M. H. Quevilly, après lequel il ne reste presque rien à dire.

St-Lambert-en-Ouche.

1789. Cahier de doléances. (A. de l'E.).

1790. Pierre-François Savarre, né le 18 avril 1742, curé de la paroisse depuis 19 ans. La cure vaut 900 livres de revenu. — Le même, en l'an 2, est pensionnaire ecclésiastique et réside à Beaumesnil.

LE BOSC-RENOULT

1792. Jacques Le Jeune, curé constitutionnel, né le 13 octobre 1759.

Rubremont.

1789. Cahier de doléances. (A. de l'E.)

1791. Déclaration du bénéfice-cure de St-Ouen-de-Rubremont, par l'abbé Graverend, curé. — Revenu : Dîme en blé, 700 gerbes ; avoine, 150 ; pois, 60 ; vesce 100. Dîme de foin, 300 bottes de 6 à 7 l. Chanvre, 300 poignées. Toisons, 12 de 2 l. Pommes, 50 boisseaux. Poires, 15 ». Porcs de lait, 2. Terre d'aumône, une vergée & demie. Le tout évalué à un revenu annuel de 800 l. — Charges : Décimes, 24 l. Impositions nouvelles, 87 l. Un cheval, 200 l. La nourriture de 2 domestiques et leurs gages, savoir, pour l'un, 72 l ; pour l'autre, 42. L'aumône des pauvres mendiants 60 l. Frais de mois d'août, 35 l. Total des charges : 530 l.

ÉPINAY

1642. Date du premier registre paroiss[1].

1709. Le jour de la Toussaint, après vêpres, délibération pour cueillir le fouage.

31 mars 1711. Fondation de petites écoles, par M° François-Joseph Gueroult, curé.

6 juin 1760. Inhumation, dans le chœur, de messire Antoisne Gastinne, curé, âgé de 55 ans.

18 juillet 1762. Inventaire des titres et meubles de la fabrique.

2 juillet 1758. Mariage de messire Jean-Laurent de Mallevoue, fils de feu messire Jean-François, écuyer, s^r du Homme, et de dame Anne-Marguerite Avril de Buret, de St-Aubin-le-Vertueux, âgé de 25 ans, avec Marie Corpus, fille de Charles et de Anne Ernis, âgée de 22 ans. La mère de l'époux signe l'acte.

22 juin 1767. Etat de ceux qui ont été confirmez par Mgr l'évêque d'Evreux, à la Barre : 22 hommes, 41 femmes.

15 avril 1773. Délibération sur les honoraires du vicaire. Somme redue aux héritiers de feu le s^r Simonnot, pour la fonte des cloches.

1784. Fonte de la petite cloche actuelle.

1785-86. 1788-89. Comptes du trésorier

1789. Cahier de doléances. (A. de l'Eure)

31 mai. Assemblée pour examiner le compte du trésorier.

An 2 Pensionnaires ecclésiastiques : Jean-Charles Véron, curé, né le 26 octobre 1753. Pierre Bicherel, ex-frère donné né le 25 mai 1735.

Brezay.

1649. Date du premier registre paroiss¹.

31 mai 1723. Assemblée des paroissiens ...; sur ce qui leur a été remontré par M. le curé que les ordres expresses de Mgr l'évêque touchant la clôture des églises et cimetières de son diocèse, demandent que les murs du « cimitière » fussent incessamment relevés, crainte d'encourir les peines portées par le mandement ; ils autorisent le curé a faire les travaux nécessaire et de faire abattre tous et tels arbres inhérents sur le dit bénéfice.

7 août 1729. Les paroissiens, assemblés en état de commun, autorisent le trésorr à poursuivre un procès pour rentes dues.

30 avril 1739. L'évêque visite Brezey.

1747. Il y a une Confrérie du Rozaire à « Broissé ».

16 février 1760. Inhumation du curé.

1790. François Heurtématte, curé, 61 ans. Le bénéfice-cure vaut 600 l. L'abbé de Bernay a le patronage. M. de Flavigny, seigneur honoraire.

Long-Essard.

1639. Premier registre paroissial.

19 septembre 1700. Nomination de collecteurs.

1703. Etude du curé : Combien il importe aux Ecclésiastiques de bien solenniser.

1707. — Combien il importe aux Ecclésiastiques de se bien préparer à la fête de la Pentecoste.

31 octobre 1651. Mgr Gilles Boutault, évêque d'Evreux, fait la visite de l'église.

2 avril 1697 (?). Mgr Jacques de Nouyon visite l'église.

Nombre des communiants : En 1650, 99 ; en 1651, 102 ; en 1652, 100 ; en 1653 105.

1787. Régistre des délibérations. — 40 feux.

1789. Cahier de plaintes et doléances. (Registre précité et Arch. de l'Eure).

30 thermidor an 2. Inventaire des titres de la fabrique et de la confrérie de Ste-Geneviève. — François Sement, curé, né le 19 avril 1719.

Montpinchon.

1643. Mre Goday, curé.

1669. Premier registre paroissial.

27 septembre 1705. Les paroissiens, assemblés en état de commun et général, nomment des collecteurs pour la taille.

1789. Cahier de doléances. (A. de l'Eure)

GISAY

Anciens grands chemins : du Sap à Beaumesnil ; d'Echenfrey à Beaumont ; de Montreuil à la Ferrière ; chemin perey ; chemin de Paris.

1600. Premier registre paroissial.

1648. Registre des contrats, lectures et publications.

Assemblée et délibérations :

2 décembre 1685. Pour enrôler et dérôler à la taille.

7 septembre 1693. Nomination de collecteurs pour la taille.

3 mai 1694. Procureur nommé pour poursuivre un procès.

11 décembre 1695. Collecteurs pour l'ustensile et les fourrages militaires.

6 juillet 1698. Collecteurs pour le fouage. — 21 sept. Pour les deniers du Roi.

11 juin 1699. Pour la somme de 14 sols. et les 2 sols pour livres pour les droits attribués aux offices de mesureurs des grains des foires et marchés.

1701. Procès pour déclaration frauduleuse par un taillable.

1er janvier 1719. Nomination d'un sindic. — 12 février. Impossibilité de fournir un soldat de milice, attendu qu'il n'y a dans la paroisse aucun garçon ni homme marié en état de porter les armes.

Le Bosroger-en-Ouche.

1634. Me P. Gouget, curé.

1644. Jacques de la Boulaye, escr, sr de la Chaize.

1699. Premier registre paroissial.

13 juin 1716. Inhumation de Me Sebastien Guillemare, curé, par M. Lepicq, curé de la Noe-de-la-Barre, avec plusieurs confrères présents et assistants et deux charités que l'on a fait venir...; le tout suivant l'usage de notre diocèse.

1717. François Guillemare, curé.

23 octobre 1718. Les habitants en général, assemblés en état de commun, donnent pouvoir au trésorier de bailler à fieffe à l'un d'eux, une pièce de terre en labour, contenant viron 3 vergées, assise en la paroisse d'Epiné, triége de la Fosse-au-Renard, moyennant 72 sols par an. Signent : Franç^s-Pompone de la Boulaye, écuyer, seig^r du Bosroger et autres terres et seigneuries ; Robert Le Noury, s^r de la Gumardière ; 5 autres paroissiens.

7 septembre 1783. Après 3 convocations, assemblée des paroissiens : Franç^s de la Boulaye, chev^r, sgr de St-Martin-de Thevrai, fondateur de la cure et prébende de St-Jean-de-Bosroger..., et autres paroissiens, pour délibérer sur les affaires de la fabrique et notamment sur les moyens de procurer à l'église les meubles et ornements dont elle a un besoin urgent..., qu'il soit placé dans la nef autant de selles qu'il en faudra pour asseoir le peuple ; il manque : une écharpe pour les processions du St-Sacrement, chape, linge, &c. Pouvoir est donné au curé. 4 arbres obscurcissent l'église.

1789. Cahier de doléances. (A. E.)

Au 2e Jacques-Paul Letellier, curé né le 31 janvier 1759.

Le Bosrobert.

1649. Premier registre paroissial.

6 octobre 1685. Jean Delanoë, prêtre, baptise un enfant trouvé.

10 août 1697. — Devant le curé se présentent les confrères de la confrérie de Ste-Suzanne, pour élire un roy et un trésorier.

12 sept. 1717. Assemblée, en général, pour dérôler.

1er janv. 1719. Nomination d'un sindic.

3 octobre 1792. Le curé Mulet se plaint d'être maltraité. (Lettre au district.)

An 2. Jean Goubert, curé, né le 30 juillet 1754.

Saint-Ouen-de-Mancelles.

3 sept. 1690. Nomination de collecteurs.

29 oct. Assemblée pour dérôler. — Collecteurs pour ramasser les deniers pour les ustensiles du quartier d'hiver pour les troupes.

13 mars 1691. Nomination d'un des taillables pour servir dans le régiment de la milice. — 24 mars. A cause de la trop grande jeunesse du dit, nomination d'un autre. — 28 mars. Nomination d'un des paroissiens pour servir dans le régiment de milice au lieu et place de René Noblet qui a été déchargé par les Messieurs de l'élection de Berany, parce qu'il n'était pas habitant; nomination de Guillaume Blanvillain.

2 déc. Collecteurs pour les ustensiles des soldats en garnison sur les frontières; ladite somme sera assise sur tous les contribuables contenus dans le rôle à taille, sans en excepter aucun.

1695. Collecteurs du fouage.

25 nov. 1696. Collecteurs des ustensiles du quartier d'hiver.

30 sept. 1697. Assemblée au manoir presbytéral, pour nommer des collecteurs.

1698. Collecteurs du fouage.

12 avril. Collecteurs pour ramasser les deniers de la charge des mesureurs de grains.

1712. Les frères du St-Rosaire portent les défunts.

24 août 1716. Collecteurs du fouage.

5 févr^r 1719. Nomination d'un procur^r-sindic.

4 oct. 1763. Mariage d'Anne Daviel à Me Pierre Jouen, notaire royal à la Barre 29 ans, originaire de Ste-Croix de Bernay. Témoins : 5 Daviel, dont Louis et Jacques frères de l'épouse.

8 mars 1764. Inhumation de Noël Gibourdel, menuisier, âgé d'environ 64 ou 65 ans, trouvé mort de froid dans les neiges, sur la paroisse de St-Pierre-du-Mesnil, par Mre François Daviel, le fils, huissier de cette paroisse, proche les enclos de M. le curé de St-Père, trouvé par ledit Daviel le mardi de la Quinquagésime 6 du présent mois, mort depuis plusieurs jours, selon le rapport qu'en a fait le s^r Daviel de la Chauvignère, chirurgien, a été apporté de ladite paroisse de St-Pierre et a été enterré au cimetière de ladite paroisse de St-Ouen, par permission de justice.

16 décembre 1764. Inhumation de maître Jacques Daviel, dit La Chauvignère, chirurgien, âgé de 25 ans.

1765. Décès de François Picory, arpenteur.

8 juillet 1766. Jean Boudin, frère du Rosaire, est porté en terre par ses confrères et par les charités de la Barre, la Trinité, Cernières et Landepereuse.

18 déc. M⁰ Pierre Hardy, curé, 72 ans, est inhumé dans le chœur.

9 nov. Assemblée, au banc de l'œuvre, pour faire faire, par notaire, l'inventaire de tous les titres du trésor.

1789. Cahier de doléances. (A. Eure.)

An 2. Louis-Charles-Antoine Vallée, curé, né le 25 mai 1759.

1807-1811. L'abbé Gautier, desservant.

1812. L'église est qualifiée de chapelle réunie à Gisay. Champion, desservant de St-Ouen et de Bois-Anzeray.

1814-1816. Gautier, prêtre.

GOUTTIÈRES

1559. 5 prêtres de la paroisse donnent une verrière à l'église.

1668. Premier registre paroissial.

1698. Registre de la confrérie du St-Sacrement.

29 sept. 1697. Les habitants s'assemblent pour nommer de bons et solvables collecteurs pour 1697.

21 sept. 1698. Les habitants, assemblés en forme de général, donnent pouvoir à

François Véron, trésorier, d'employer une somme de 60 l. provenant d'un franchissement et amortissement de Nicolas et Guillaume Perdriel frères, à faire l'achat d'une pièce de terre en masure et labour contenant une vergée ou environ..., bornée d'un côté le lieu presbitéral...

Le même jour, après les vêpres, nomination de 2 collecteurs pour cueillir le fouage appartenant au seigneur comte de Beaumont.

30 sept. Assemblée pour mettre des collecteurs pour 1699 et éviter une nomination d'office ; le 3e collecteur est berger.

25 nov. Assemblée pour donner à enrôler. On enrôle... Pierre Fossey, comme possédant la grosse dixme avec Jacques Véron qui en a passé sa déclaration. Et depuis, lesdits habitants ont déclaré qu'ils prétendent que Jacques Véron possédant les deux tiers de la grosse dixme, soit dérôlé avec Denis Cousin qui la possédait ci-devant entière. (25 déc.)

Avant 1699. Marie-Jeanne de Reneville, fille du sr de Gouttières, avait épousé M. de la Houssaye.

Charles-Antoine de Reneville, escr, sr de Gouttières, marié à Anne Le Picard. Enfants : Marie-Thérèse ; Ambroise, né le 1er février 1699 (Françoise de Reneville, marraine.)

25 sept. 1701. Nomination de 3 collecteurs.

20 février 1701. Après la grande messe,

assemblée des habitants, lesquels, conformément à l'ordonnance de S. M. et au mandement de Mgr l'Intendant, en date du 7 février, ont nommé François Le Moine, Pierre Delacourt, Jacques Mullet, Louis Le Sein, Guillaume Le Gras, Simon Souillard, François Véron fils Louis, François Fossey fils Jean, pour hommes non mariés et âgés, conformément au dit mandement de Mgr l'Intendant, pour par lesdits hommes non mariés tirer au sort demain matin 21 du courant, devant Mgr l'Intendant ou son délégué.

20 janv^r 1717. On trouve dans le tronc de S. Sébastien la somme de 9 livres dont le curé Langlois se saisi et qu'il réserve pour avoir un ornement rouge, en présence de Jean Couronné, trésorier et roi de la confrérie.

1er janvier 1719. Charles Du Fossé (ou Sassey), sieur de Vaux, est nommé sindic.

31 déc. 1724. Les habitants et taillables nomment Charles Roussel, maçon, François Véron, Jean Aroult, Jacques Fossé, Guillaume Aroult, Nicolas Perdriel, François Fossé, Jacques Raitre, Jean Aroult fils Adrien et Nicolas Hervieu, pour experts ou arbitres pour juger des biens et facultés des taillables à cette fin d'asseoir la taille réelle suivant la faculté d'un chacun, comme l'année précédente, le plus également qu'il sera possible.

1789. Cahier de doléances. (A. Eure.)

An 2. Guillaume-Pierre Duval, curé, né le 10 septembre 1747.

GRANCHAIN

1666. Mre André de Monteilles, curé.

1742. Charles Le Velain du Hazeray, curé.

1790. Me André D'Argence, curé, âgé de 75 ans. Revenu : 1690 l. ; il sépare la dîme par moitié avec l'abbé du Bec. La paroisse renferme 350 habitants ; étendue : trois-quarts de lieue sur son diamètre moyen.

29 fév^r 1792. Querelle entre Bénard et Douis, curé constitutionnel.

Livet-en-Ouche.

An 2. Nicolas Le Marchand, curé, né le 15 décembre 1721. — François-Romain Bénard, prêtre, infirme, né le 23 octobre 1756.

LANDEPEREUSE

Liste des curés depuis la fin du XVe s.
28 juin 1480. Hugues de la Salle.
1er nov. 1491. Guillaume Crestin permute avec Noël Peschart pour la cure de St-Jacques de Verneuil.
6 sept. 1511. Jean Alépée.
22 oct. 1550. Simon Adoubard. † 1557.
25 juin 1557. Guillaume Le Saulnier, chanoine d'Evreux, démission^e le 13 oct.
1557. Claude Buneau, clerc du diocèse

de Bayeux, resignataire en 1565.

28 nov. 1565. Noël Vistrou.

1631. Mort de Guillaume Bourdin.

3 févr. 1632. François de la Varde, acolyte du diocèse de Lisieux.

1657. Jacques Delaunay, bachelier en théologie, † 1663.

1663. Robert Roussel.

1643. Jean de la Boulaye, esc', s' de Landepereuse.

1789. Cahier de doléances. (A. Eure.)

1789. Sébastien Bence, 73 ans, curé, résigne la cure à M⁴ Masson, moyennant une rente de 600 l. et la retenue de plusieurs appartements du presbytère et une moitié du jardin.

1790. Jean-François Masson, 34 ans, curé de Landepereuse depuis 1 an. La cure vaut 1600 l., charges à déduire, dont 1 cheval.

An 2. Alexis Oursel, curé, né le 19 janvier 1760.

Le Tilleul-en-Ouche.

1726. Jacques Ernis, sindic.

5 oct. 1730. Pouvoir est donné à 2 paroissiens de faire taxer et signifier une sentence rendue à l'élection de Bernay.

28 février 1734. Pouvoir est donné au trésorier de louer les terres des Déserts, au plus offrant et dernier enchérisseur, après les avoir criées par 3 dimanches ou fêtes consécutifs, issue de la messe paroissiale, à condition de labourer et fumer

... comme les terres voisines sans les désaisonner.

14 déc. 1760. Assemblée pour enrôler et derôler. 4 signatures et une marque.

7 févr 1762. Assemblée des habitants et possédant fond, au sujet d'une sommation à eux commise en la personne du trésorier principal de la fabrique, à la requête du sr Jacques-Guillaume Bellais, aux fisn de reconnaître une partie de rente seigneuriale à laquelle est sujette une pièce de terre en labour appartenant à la fabrique, envers ledit sr Bellais. (non signée.) — Le même jour, seconde assmblée. Le trésorier est autorisé à reconnaître par devant notaire la dite partie de rente.

1765. Collecteurs des deniers royaux.

1789. Cahier de doléances. (A. Eure.)

1789. Lemoûle, 64 ans, ancien curé pendant 36 ans et 4 mois.

LE NOYER

1670. Me Fleury, curé.
1678. Jacques Billard, curé.
1727. Jean Viel, curé.
11 nov. 1739. Inhumation de Marie Dumont, veuve de feu Jacques Viel, mère de M. le curé, âgée de 94 ans.
1754-1785. Olivier Fortier, curé.
Ce jourd'huy 5 juillet 1785, a été célébré la bénédiction de la grosse cloche du Noyer par nous Louis-Nicolas Bidault, curé du Châtelier-St-Pierre, doyen d'Ou-

che, de la réquisition de M⁰ Olivier Le Forestier, curé de la paroisse, laquelle a été nommée Marguerite par messire Pierre Dargence, écuyer, demeurant en cette paroisse, et dame Marguerite Petit, épouse du sʳ Thienterre, habitant de Grôlay, lesquels ont signé avec nous et Mʳ le curé..

1786. Noel-Pierre Drouet, vicaire.

25 mars 1786. Olivier Le Fortier, curé, est inhumé au pied de la croix du cimetière.

— N.-P. Drouet, desservant.

1787. Boisset. curé.

1789. Cahier de doléances. (A. E.)

14 sept. 1792. Patallier, curé du Châtel-la-Lune, fait les fonctions de desservant. Il était né le 23 juin 1740.

An 2. Jean-Désiré Bricq, ex-bénédictin et desservant, né le 25 octobre 1746.

Châtel-la-Lune.

28 janvier 1706. Abelin, curé, certifie que par la supputation qu'il a faite des feux qui sont dans la paroisse, il a trouvé qu'ils se montent au nombre de quarante, compris les mendiants.

1711. Pierre Guerout, curé.

1715. Thibout, curé.

1722. Beroult, curé.

Familles de potiers : Remy Picard ; Jacques Picard ; Pierre Queruel ; Philippe Marais ; Philippe Leloup ; Jean et Jacques Le Vieux ; Jean Godey.

28 juin 1776. Mr Pierre-Charles Bourdet, curé, est inhumé dans le chœur.

1780. Joseph Renault, maître d'école au Château-la-Lune.

1789. Cahier de doléances. (A. E.)

Le Châtelier-Saint-Pierre.

1759. Cahier de doléances :

Les habitants de la paroisse du Châtelier-St-Pierre demandent :

1. La liberté individuelle de tout député aux Etats généraux et particuliers.

2. Une réforme exacte dans le code civil et criminel qui puisse anéantir les ruses de la chicane qui rendent les procès interminables, et qu'on retranche à jamais ces odieuses paroles : la forme emporte le fond.

3. Que le nombre des députés du Tiers état aux Etats généraux soit égal au nombre des députés du clergé et de la noblesse pris ensemble.

4. Qu'aux Etats généraux les suffrages se comptent par tête et non par ordre.

5. Nous requérons l'abolition de la mendicité et qu'il soit pourvu à des établissements capables de prévenir les désordres qu'elle occasionne, et que chaque paroisse soit chargée de l'entretien de ses pauvres surtout des vieillards et des infirmes.

6. La suppression des privilèges qui détruisent la proportion suivant laquelle chaque citoyen doit supporter les charges

de l'Etat, la noblesse étant trop favorisée lorsque les malheureux cultivateurs qui sont les hommes de première nécessité pour un royaume sont surchargés et sont à peine récompensés des sueurs qui arrosent leur champ.

7. La suppression de tous les impôts actuels et établis jusqu'à présent pour en substituer tels autres que les Etats généraux jugeront à propos d'établir ; nous demandons surtout la diminution du sel, cette denrée de première nécessité étant augmentée de près d'un tiers depuis environ dix ans.

8. Que la perception des impôts à établir dans chaque paroisse soit confiée aux préposés nommés par les Etats particuliers de chaque province, pourquoy nous demandons les Etats particuliers de la province de Normandie.

9. Que les Etats généraux du royaume soient convoqués constamment de cinq ans en cinq ans.

10. Que les colombiers soyent fermés pendant les mois de mars, d'aoust, de septembre et d'octobre.

11. Relativement à nos intérêts personnels, nous remontrons qu'une grande partie des terres actuellement en bled sont très mal plantées et ne donnent l'espoir que d'une médiocre récolte à cause de la rigueur de l'hiver.

12. Nous remontrons que la moitié des terres de notre paroisse sont de très mau-

vais fond qui rendent à peine au cultivateur la semence et de quoy le nourrir et que néantmoins les mauvais fonds payent la taille et les vingtièmes, ce qui réduit le malheureux cultivateur dans la pauvreté.

13. Nous supplions les rédacteurs de nos remontrances et doléances d'observer que le nommé Jean le Normand, citoyen naturel de notre paroisse et naturel taillable, mort il y a dix mois, possédant en toute propriété sept acres de fonds, lesquels fonds, situés sur différentes paroisses payent néantmoins la taille en icelleci comme terre d'extention, lesquels fonds sont tombés entre les mains de plusieurs seigneurs à droit de fief et que cette taille est retombée sur nous montant à trentetrois livres.

LA ROUSSIÈRE

Curés depuis le XVe siècle :

20 oct. 1492. Richard La Feüille, démissionnaire. — Gilles La Feüille, présenté. † 1521.

23 janvr 1521. Guillaume de Launay.

1522. G. Delaunay, mort. — 19 août. Germain Pynin, mort en 1533.

5 mai 1533. Jean Allyne.

1er mai 1535. Pierre Pieneul.

Inscription gravée dans la chapelle :

𝔙𝔢́𝔫𝔢́𝔯𝔞𝔟𝔩𝔢 𝔢𝔱 𝔡𝔦𝔰𝔠𝔯𝔢̀𝔱𝔢 𝔭𝔰𝔬𝔫𝔫𝔢 𝔪𝔯 𝔯𝔬𝔟𝔢𝔯𝔱 𝔞𝔲𝔟𝔢𝔯𝔠𝔮

pbre, curé de nre dme de periers en aulge a foudz teans tos les pmiers jors du mois de lan, une basse messe de s. sacrement et le dye jouxte la croix boissée après l'euangile ung libera de prof ndis et oroisons accustumées selon le contrat passé devant les tabellions de la barre en dit lieu le xxv° jour davril m cccc xxxx it.

Avant 1560. Guillaume Bataille, mort.
24 nov. 1560. Jean Boyssel, démissionnaire immédiat, puis Jean Guebert, aussi démissionnaire immédiat, puis Jean David, présenté le 15 mars 1560, † 1591.
10 mai 1591. Richard Douys, résig^{re}.
1er oct. 1633. Fabien Lhostelier, résignataire en 1685.
14 avril 1685. Jacques Levavasseur.
1668. Premier registre paroissial.
10 juillet 1686. Inhumation de Mc Fabien Lostelier, curé. — Guillaume Champion, vicaire.
1706. Le curé atteste qu'il y a 50 feux dans la paroisse. — J. Lange est prêtre habitué.
1720. Martin Lieuvin, vicaire. — 3 av. Jacques Bunel, curé.
1738. Gaspard Coupey, prêtre.
1739. Mr Guillaume Mahiet, prêtre, curé de St-André de la Roussière, mourut

le 6ᵉ novembre, et fut inhumé le jour suivant, dans l'église, par Jacques Pinchon, curé de St-Michel du Val-du-Theil, présence de François Desclos, curé des Jonquerets et de Pierre Hervieu, vicaire du Chamblac. — G. Goupey, desservant.

1750. Deriot, vicaire, puis curé en 1768.

1786. Delalande, vicaire, puis curé.

2 décembre 1759. Assemblée des paroissiens au sujet de l'assiette de la taille; en quoi faisant, ayant examiné que les fonds de leur paroisse sont surchargés de 9 sols pour livre de revenu de ceux qui sont fait valoir par les propriétaires, et de 4 sols 6 deniers du produit de ceux faits valoir par les fermiers, ce qui charge extraordinairement les possédant fonds, il seroit à propos pour garder l'égalité de répartir avec justice ce qui revient en bon à la paroisse de la taxe d'office.

1790. Pierre-Marc-Antoine Deriot, âgé de 67 ans, curé depuis 20 ans. La cure vaut 1800 l., charges à déduire, dont un vicaire, 2 chevaux... La paroisse a trois-quarts de lieue de long et autant de large.

1792. Lefrançois, curé.

17 août 1793. Le citoyen Louis-Alexandre Primois, négociant à Laigle, remet à la municipalité de la Roussière 32 registres en papier concernant la tenue des plaids des ci-devant bénédictins de l'abbaye du Bec, pour les ténements de la ci-devant seigneurie, relatifs aux ci-devant

vassaux de la commune et autres lieux ; plus 4 paquets en papier et parchemin concernant les anciennes procédures, lesquels il avait trouvés déposés dans une petite armoire dans la maison de la ferme de la Haut-Moine, dont il est acquéreur. Ces titres sont remis pour les brûler.

12 floréal an 2. Violent orage.

An 2. Demot, prêtre reclus. — 6 mess^r. Vente d'une partie de ses meubles. — 16 vend. an 4. Il est réintégré dans ses titres, papiers, effets individuels, bibliothèque, etc.

3 frimaire an 3. La municipalité de Chambrais ayant renvoyé les habitants du Bosmoret sans pain et sans grain, la municipalité de la Roussière leur portera les 6 quintaux de grain qu'elle devait porter à Chambrais.

27 nivôse an 4. Nicolas Dubos est adjudicataire de la perception de la contribution foncière. etc.

Le Val-du-Theil.

1666. Premier registre paroissial. — Godefroy Cosnard, vicaire.

1689. Fondation d'école par M^e Le Noury, curé.

8 avril 1696. Nomination de collecteurs pour cueillir le fouage. — P^r l'ustensile.

17 mars 1697. Procès pour taille.

1710. Maistre Jean Huar, médecin, donne une contretable.

22 mai 1714. Sentence rendue en l'élection de Bernay entre les habitants et Mre François de Pompone, s^r de la Boulaye.

— 18 déc. Pouvoir donné à 2 paroiss^s d'agir au nom des habitants pour le procès qu'ils ont avec François Ponpone de la Boulaye.

25 déc. 1718. Nomination d'un sindic.
7 mai 1719. Collecteurs du fouage.
1722. Rentes dues au trésor.
8 avril 1725. Nomination d'un sindic.
1743. Les habitants dérôlent le milicien.
1789. Cahier de doléances. (A. de l'E.)

14 déc. 1791. Lange, curé, écrit la lettre suivante au procureur-sindic du district :

« Monsieur,

« Je scais que deux ou trois personnes de ma paroisse vous sollicitent souvent pour envoyer un prêtre à ma place, et qu'on vous a dit que j'étois parti et qu'il n'y avoit plus d'office icy : je vous assure, Monsieur, que rien n'est plus faux ; j'ai toujours resté au presbitere et fait l'office comme à l'ordinaire. Je ne doute pas que plusieurs de mes paroissiens ayent été vous prier de ne point me déplacer ; tous, excepté deux ou trois, me marquent le plus grand désir que vous me laissiez avec eux ; pour répondre à l'attachement qu'ils ont pour moi, pour seconder leurs vœux, et par esprit de paix, j'ai l'honneur de vous annoncer que je le désire aussi, et que si vous voulez me laisser comme je suis, j'aime mieux faire le sacrifice de ma pension ; je desservirai et ferai l'office comme ci-devant et vous me payerez ou vous ne me payerez point, le tout à votre volonté, je vous en laisserai le maître, et je serai toujours content. J'ose espérer que ma paroisse sera satisfaite, tranquille et de bonne union. Je vous prie, Monsieur, de me faire l'honneur de me marquer si je puis aller chercher au directoire le complément de ma pension pour l'année 1790. S'il faut différer encore, tâchez s'il vous plaît que le délai ne soit point éloigné. Vous obligerez infiniment celui qui a l'honneur d'être avec respect,

« Monsieur,

« Votre très humble et très obéissant serviteur

« LANGÉ,

« curé du Val-du-Theil. »

1792. Cogis, maire.

An 2. Jean Daméron, né le 21 juillet 1767, ex-religieux, desservant.

SAINT-AUBIN-DES-HAYES

1696. Premier registre paroissial.

1732. Claude de Pigace, esc^r, s^r de St-Aubin, sgr de la Bois-aye, la Barre et autres lieux, fils de feu Jacques de Pigace, esc^r sgr du Borcher, St-Aubin-des-Hayes, etc., fils de feu Adrien de Pigace.

1790. Guillaume Héribel, 48 ans, curé depuis 1782. Revenu de la cure : 1263 livres 18 sols.

27 janv.r 1791. Jacques Poullain, 78 ans, maître d'école, inhumé.

13 juillet 1791. Charles-Pelvilain-Desjardins, né le 14 août 1750, curé constit.l — Les citoyens du Bos, de la Brionnière et du village de l'Eglise, reclament des biens communaux sur la citoyenne Anne-Gabrielle Laboulaye.

23 germ. an 3. François-Michel Nos, de Beaumesnil, est nommé instituteur p.r Beaumesnil, Gouttières et St-Aubin-d.-H. — Les arbres de la liberté sont coupés. — 17 mes.r Pelvilain-Desjardins déclare vouloir exercer le culte catholique dans la commune. Ecrits contre-révolutionnaires. — 9 prair. Un habitant refuse, avec outrages, de porter la cocarde tricolore.

19 floréal an 4. Plantation de l'arbre de la liberté. — 29 pluv. Pelvilain-Desjardins est président de l'administration cantonale ; il remontre qu'il a été ministre du culte, juge de paix, déplacé, qu'il a organisé 5 à 6 sociétés populaires.

SAINT-AUBIN-LE-GUICHARD

6 oct. 1693. Baptême de Anne-Charlotte de Mahiel, fille de Guillaume, esc.r, sgr de St-Clair, St-Aubin-le-Guichard, &c.

2 avril 1691. Naissance de Guillaume-Nicolas de Mahiel, fils de Guillaume, éc.r, s.r de S-Clair, et de Jeanne-Adrienne Guenet ; baptisé en 1698. Jacques-Guillaume de Mahiel, frère et parrain de l'enfant.

1705. Françoise de Pigace, marraine.

25 nov. 1710. Paul de Boislevêque, 25 ans, inhumé dans l'église.

17 déc. Pierre de Pigace, esc^r, s^r de la Marauzoux, 68 ans, inhumé dans l'église.

3 d'c. 1718. Marie-Catherine de Fredet, épouse de Nicolas-Guillaume de Mahiel, esc^r, s^r de St-Clair, 30 ans, inhumée dans le chœur.

22 nov. 1731. Mariage de Louis Dépinay, esc^r, s^r de la Nos, St-Medard, Couvains, fils de feu Claude, et de feue dame de Mauduit, avec Marie-Jeanne Dernevillle.

5 sept. 1734. Nomination de collecteurs — 14 nov. Assemblée pour enrôler et dérôler. — 20 nov. 1735. Même sujet.

5 fèvr^r 1748. A la porte du cimetière de Granchain le vicaire, sortant de célébrer la messe, trouve un enfant que l'on baptise à St-Aubin-le-Guichard.

12 sept. 1790. Nomination de 2 gardes-mesiers pour veiller à la sûreté des propriétés. L'abbaye de Préaux possède une cour nommée vulgairement cour de l'abbesse, où sont situés le logement et les granges du fermier de la dite abbaye. — La municipalité se propose d'acquérir le bois de l'abbaye.

1792. Etienne Damois, maire.

10 mars 1793. 10 hommes à fournir p^r l'armée. — 24 avril. L'arbre de la liberté est scié par le pied. — Le pain vaut 3 s. 6 d. la livre.

14 pluv. an 2. Partage des biens com-

munaux. — 29. Formation d'une Société populaire.

11 floréal. Grêle abominable.

4 germinal an 3. Droits dans la forêt de Beaumont. — Arbres de la liberté coupés.

1814. Jean Thiphaigne, 19 ans, né à Granchain, est nommé instituteur provisoire en remplacement du décédé.

Ste-MARGUERITE-EN-OUCHE

1671. Premier registre paroissial. Simon Hayer, prêtre. — 14 déc. 1698. Inhumation, à Ste-Croix de Bernay, de Mre Simon Hayer, très digne curé desservant de Ste-Marguerite, lequel tomba sans parole le lundi 8e de décembre à 8 heures du matin dans l'église de Ste-Croix de Bernay, et fut ainsi à l'agonie jusqu'au samedi 13 du dit mois à 3 heures d'après midi qu'il expira, et fut enterré le lendemain dimanche après vêpres. Il entrait dans sa 80e année.

1677. N. Tullou, curé. — 13 août 1713, Me Nicolas Tullou, curé, âgé de 96 ans, est inhumé par le curé de St-Lambert, assisté des curés voisins : Jean Vivien, curé de Livet ; J. Bertrand, diacre. — Mérimée, desservant.

1707. François Le Velain, escr, sgr du Castel.

24 sept. Baptême d'une petite fille exposée à la porte du cimetière ; parrain : Le Velain, escr, sr du Castel.

19 avril 1735. Mariage de la fille du sgr

du Castel.

1756. Jean Bertrand, curé, inhumé, le 24 octobre 1759, dans le chœur, âgé de 72 ans, présence de la charité de Landepéreuse.

1756. Curé : François Grandière, ancien vicaire de St-Aubin-le-Vertueux ; inhumé le 17 octobre 1761, âgé de 40 ans. — Mabire, desservant.

1762. Jean-Baptiste Morin, curé ; inhumé, dans le chœur, le 7 octobre 1763.

1764. R. P. Clair Gontier, religieux pénitent, desservant jusqu'en février 1765.

1765. Pierre-Paul Hudoux, curé.

1789. Cahier de doléances. (A. de l'E.)

1790. Le curé Hudoux, âgé de 64 ans. déclare que la cure vant 900 l. de revenu ; il a un cheval. — 13 nov. Etant infirme, il demande un vicaire.

21 nov. 1791. Plainte contre le curé.

An 2. Pierre Guérin, curé, né le 17 janvier 1748.

1867. Bénédiction d'une cloche donnée par Louis Bisson. — Restauration et bénédiction du calvaire des 4 chemins.

1868. Vente des bruyères du Mesnil.

St-PIERRE-DU-MESNIL

1611. Premier registre paroissial. — St-Père-du-Mesnil.

1642. Morisse, curé.

1646. Gabriel de Gricu, prêtre.

1652. Benjamin du Merle, escr et baron du Blancbuisson.

1660. Baptême de César-Antoine Maslard, fils d'Alexandre, esc`r`, s`r` de Ste-Colombe et de Marguerite Le Comte. — César Maslard, curé de la Haye.

1662. B. de François Aslard, fils d'Antoine, esc`r`, s`r` du Homtguerey (?).

1649. F. Le Testu, curé.

1669. Catherine de Feydeau, dame du Blanbisson.

1687. B. de Gabrielle fille de François-Annibal du Merle, chev`r`, sgr de Cauvrigny en Picardie, du Plessis, le Prey, Coudre, de Beaumont en Normandie, et de dame Nicolle d'Abincourt. Parrain: Louis-César du Merle, cheval`r` de l'ordre de St-Jean de Jérusalem, frère du dit s`r` de Caurigny ; marraine . Gabrielle du Merle, veuve de Laurent de Bellemare, chev`r`, sgr de Duranville..., tante du s`r` de Laurigny.

18 juillet 1690. B. de Anne-Dorothée, fille de Pierre du Merle, chev`r`, seignr du Blancbisson. Marraine : Anne-Dorothée Aubery, épouse de Félix Le Conte de Nonant, sous-lieutenant des gendarmes et maistre de camp dans les armées du roi.

— Marie-Gabrielle de Nocey dame du Blancbuisson.

1697. Nomination de collecteurs.

1700. Collecteurs pour le fouage, suivant le mandement adressé par le recev`r` de S. A. Mgr le duc de Bouillon.

1704. Bernard de Beaurepaire, curé.

1714. Mariage de François de Pluviez, chev`r`, sgr du dit lieu de Pluviez, fils de feu Felix de Pluviez et de feue Louise de la Touche, de la paroisse de Bure, avec Françoise du Merle, fille de François-Annibal et de feue Michelle d'Abancourt. Témoins : Pierre du Merle, chev^r, seign^r du Plessis, et Marie-Gabrielle de Nocey, son épouse, oncle et tante ; César Malard, esc^r s^r du Boisgoux.

8 juillet 1725. B. de Marie-Henriette, fille de Charles du Merle, chev^r, sgr du Blancbuisson, et de Marie-Magdeleine Gouhier. Parrain : Henry Descorches, chev^r sgr de Ste-Croix ; marraine : Françoise du Merle veuve Franç^s de Pluviez.

1728. B. de Charles-Pierre du Merle. Marraine : Anne-Elisabeth de Bellemare, épouse du Pierre du Merle, sgr de Beauvilliers.

1729. B. de Léonore-Charlotte-Marie-Magdeleine du Merle. — François-Léonor du Merle, prieur de Léger-Dailly.

1737. Plan de la paroisse. (E. 296.)

1789. Curieux cahier de doléances. — Le Registre municipal contient de nombreux et intéressants détails sur les châtelains du Blancbisson.

21 mars 1790. Déclaration de François Duhoulley Lalaubraye, curé, âgé de 86 ans : « .:. Je suis pourvu et paisible possesseur depuis 47 ans dudit bénéfice et d'une chapelle sous l'invocation de St-Clair et de Ste-Catherine dont j'ai pris possession avec le bénéfice-cure, et desquels bénéfices je n'ai aucuns titres. Je

crpis le revenu de la chapelle confondu avec celui de la cure depuis très longtems sans qu'il y ait réunion dont j'aye connoissance. Ces deux bénéfices sont en patronage laïque à la nomination de M. Dumerle Blanhuisson, seig' et patron de lad/ paroisse, diocèze d'Evreux, distant de Bernay de 4 lieues, dont le revenu y compris celui de la chapelle est en total de quatre mille livres. Les charges consistent dans le payement des honoraires d'un prêtre pour dire une première messe à quoy je me suis obligé par transaction passée devant le notaire de la Barre, en 1765, pour terminer le procès entre ledit seigneur, les paroissiens et moy, quoy que le bénéfice ne soit pas obligé à vicaire, et en outre depuis plusieurs années je suis obligé d'avoir un desservant à cause de mon grand âge et infirmités ; les charges consistent dans l'entretien et réparation du chœur de l'église et chapelle, gage et nourriture de domestique, dépense d'un cheval, contribution aux impositions, suivant la déclaration de l'état que j'ay passé à la municipalité de ma paroisse, le 14 mars de la présente année.

1790. Restauration du chœur et chancel de l'église.

19 juin 1791. La municipalité se rend à la chapelle Ste-Claire et transporte le mobilier qu'elle possède à l'église paroissiale, savoir : 1 crucifix en mauvaise réparation ; 4 grands cadres de bois ; 1 chasu-

ble de camelot rouge avec sa bourse ; un missel à l'usage de Paris ; 1 gradin sur l'autel ; 2 burettes et 1 plat en étain ; 2 nappes ; une aube ; 1 amict ; une ceinture ; 2 purificatoires ; 1 calice et sa patène ; 2 images de Ste Claire et 2 de Ste Catherine, le tout en bois ; une petite sonnette servant d'usage de cloche, pesant environ 30 livres. — Une commode et un petit lutrin sont réclamés par Mme de la Salle comme venant de sa paroisse.

21 août 1791. Il y a 2 cloches.

15 mai 1792. Charles du Merle, réside à Argentan depuis le 1er janvier, puis à Rouen depuis le 13 octobre.

26 juin 1792. Inventaire du mobilier de l'église ; peu riche.

15 nov. 1792. M. du Merle a quitté la commune depuis 10 mois et 16 jours sans avoir fait connaître sa nouvelle résidence.

20 janvr 1793. Le curé n'exerce plus. — Réparations à l'église ; déplacement des autels.

1793. Chapelle Ste-Claire (fo 45 reg. D) — Recettes de la fabrique : 472 l. 10 s. 3. Dépenses : 314 l. 10 s.

12 mess. d'an 2. M. du Merle est mis en état d'arrestation par ordre du comité de surveillance du lieu.

5 pluviôse an 3. Il demande un certificat de civisme. — 21 nivôse an 3. Il est remis en liberté.

An 3. L'église est Temple de la Raison.

An 6. Arrestation de la veuve du Merle.

An 12. La cloche étant cassée est refondue.

1808. M. de Saint-Philbert, acquéreur du domaine du Blanbuisson, vend les autels de la Vierge et de S. Sebastien, et les remplace par 2 autels qu'il avait achetés, provenant de l'abbaye du Bec.

Juillet 1817. Jacques Duclos, maître maréchal à Boquencé (?) vend à Etienne Fournyer dit Laforais, maître couvreur en tuile à N.-D. du Hamel, au nom de M. St-Philbert, une croix en fer pour mettre sur le clocher de l'église ; cette croix aura 11 à 12 pieds de hauteur, moyennant 20 sous la livre ; elle sera peinte en noir et les fleurs de lys en jaune couleur d'or.

4 déc. 1822. Notes sur les anciens et les nouveaux autels.

1872. Décès de M. Charles-Jules de Pillon de Saint-Philbert.

THEVRAY

1647. Ainesse Gosseaume, tenue de la seigneurie de Thevray.

Ce jourd'huy 27 juin 1703, ont été administrées les cérémonies du baptême à la prière de Mre Richard Le Guedoy, curé de Thevray, par Mre Pierre-Louis de Guyenro, pbre chanoine et grand chantre de l'église de Rouen, à Marguerite-Elisabeth Françoise de Guyenro, fille légitime de messire Gille de Guyenro, chev^r, seig^r du Chastel, patron honoraire de Thevray, lieutenant des maréchaux de France, et de noble dame Marie-Anne de Gaillarbois, son épouse ; laquelle a été née le 30 juillet 1700 et ondoyée ; nommée par messire Jean-François de Guyenro, chev^r, saig^r du Pontanaillers, et noble dame Marguerite-Elisabeth de Hetmont, épouse de messire Louis de Gaillarbois, chevalier, seigneur de Marcouville.

1718. — ..... Letellier, sergeant royal immatriculé au baliage et viconté de Brestheuil, résidant à Theuvray, soubsigné. Ce jourd'huy avant midi troix^e jour de janvier mil sept cent dix huit, à la requeste de messire Gille de Guyenro chevalier, seigneur de Thevray et en cette qualité patron fondateur de la prébande & cure dudit Thevray, jay sommé maistre Robert Lemetais pbre vicaire perpétuel de la paroisse de Thevray, de luy citer les consilles cannons déclarations du roy ou arais qui l'octorize à ordonner au trézorier en charge de porter du pain benist à un ou deux petits garsçons lesquels garde les moutons et cochons tous les jours et auquel il fait prendre un surplis tous les feste et dimanche depuis quinze jour ou trois semaine, lesquels ne sont ny tonsurée ny mineurée, auparavant ledit seigneur et toutte la noblesse, et n'ayant d'autre caractère que celuy de la malveilance du sieur Lemetais quy ne cherche que à faire insulte, ce proceday nétant daucun usage dans toutte les paroisse sirconvoisines, luy déclarant quil proteste de tous... et intherais et quil se pourvoira où il apartiendra, et ce fait en parlant au dit sieur Lemetais à son domicille.

Relation baillée suivant lordonnance le dit jour et an que dessus signée de Guyhenro.   G. Letellier.

1718. Registre de lectures de contrats.

22 juillet 1736. Nomination d'un syndic.

30 janvier 1753. Inhumation, dans le chœur, de Mr François-Gabriel de Roussel, écr, sgr honoraire de Thevray, de Corneville, chevr de l'ordre militaire de St-Louis, ancien capitaine brefveté, gentilhomme de la chambre de S. A. Sér. Mgr le duc d'Orléans.

9 sept. 1754. Inhumation, dans le chœur de François-Gabriel de Roussel, fils du précédent, âgé de 14 ans. — 23 sept Inhumation, dans la chapelle du chœur, de César-François-Gabriel de Roussel, sgr de Thevray et autres lieux, 13 ans, frère du précédent.

7 oct. 1763. Pierre-Louis Guyenro, écr, ancien seigr et patron honoraire de Thevray, âgé de 67 ans, est inhumé dans la chapelle collatérale du chœur, du consentement de Mme de la Halboudière, dame de Thevray.

Il est question de la chapelle de la Trinité, au château.

8 avril 1768. Décès de Louis Fontain, curé ; inhumé, le 9, dans le chœur.

— Philocque, chapelain du château.

5 avril 1770. Bourlet du Butenger, curé

— M. de la Boulaye.

1789. Cahier de doléances. (A. de l'E.)

22 mars 1792. Jeanne Le Tellier, vivant en communauté avec les sœurs de la Providence d'Evreux, ci-devant maîtresse des écoles gratuites, refuse le serment et quitte la paroisse.

1593. Pierre Lebigre & Jehan Pinchon, tabellions à la Barre.

1505. Jehan Aimoreay (?) et Gilles Le Louche, tabellions à la Barre, vicomté de Beaumont-le-Roger.

Églises entièrement détruites.

St-Lambert. — Le Bois-Baril. — Villers. — La Noe. — Brezey. — Long-Essard. — Montpinchon. — Livet. — Châtel-la-Lune. — Prieuré de Grandmont. — Le Val-du-Theil. — chapelle du château de Theuvay.

21 déc. 1786. Bail judiciaire du château et parterre du Moulin-Chappel.

1642. Premier registre du tabellionnage de la Barre. — Nombreuses et curieuses marques ou signatures rustiques.

ŒUVRES DE E. VEUCLIN :

1873-1889. — Nombreux Articles de Journaux et 83 Notices.
La Confrérie des Boulangers de Bernay.
Les Croix des grands chemins au XVII° siècle.
Chapelles et Messes des 2 Prisons de Bernay.
Une Philantrope normande : Georgette Legias
Les deux Confréries des Toiliers Bernay.
Erection de la Confrérie du Saint-Sacrement.
L'Agriculture en 1787 dans le Pays d'Ouche.
La Prison de Bernay en 1789.
Le Pèlerinage de Notre-Dame de la Couture.
Deux épisodes de la Révolution à Broglie.
L'église de Saint-Martin-du-Parc.
Remarques de Curés normands.
Huguenots et Gautiers à Bernay.
La Saint-Louis à Thiberville en 1790.
La Fête-Dieu à Bernay au siècle dernier.
La Chapelle du Collège de Flers. Une Bannière.
Une rare et belle Fête à Verneusses.
Un Poète ignoré : Lelièvre, ex-instituteur.
Sorciers et Empiriques à Bernay et aux envir^s
Quelques Croix de Cimetières.
Exécution de Sorciers au 17° siècle.
Notes du curé de Folleville. 1672-1696.
Notes sur la Paroisse de St-Aubin-le-V.
Quelques Fêtes de la Révolution à Chambrais.
Lettres d'un Soldat de la Grande Armée.
Confréries anti-esclavagistes du 17° siècle.
1890. — 2 Lettres inédites de Thomas Lindet.
Maison de Charité de l'Hôtel-Dieu de Bernay.
Les Fêtes baladoires au siècle dernier.
Le Mariage d'une Rosière à Bernay en 1807.
Derniers Souvenirs de l'Abbaye de Bernay
L'Ecole de la Maison de Charité de Meulan.
Une manufacture de fro*s* dans un presbytère
Saint Vincent de Paul en Normandie.
Un conflit clérical dans le diocèse de Lisieux.
Tenue des petites Ecoles à Bayeux en 1690.
Les Processions du Roumois et de la Fête-Dieu.
Notes pour l'histoire de Pierre-Ronde.
Les 4 Canons de Bernay.
Documents sur le canton de Beaumesnil.
Les Ecoles chrétiennes de Lisieux.

www.ingramcontent.com/pod-product-compliance
Lightning Source LLC
Chambersburg PA
CBHW060500050426
42451CB00009B/746